ЧЕТЫРЕХЧАСОВАЯ РАБОЧАЯ НЕДЕЛЯ

Анализ и резюме по книге
Timothy Ferris

ЧЕТЫРЕХЧАСОВАЯ РАБОЧАЯ НЕДЕЛЯ

Анализ и резюме по книге
Timothy Ferris

написанный Anastasia Samygin-Cherkaoui
в переводе Nastia Abramov

ЧЕТЫРЕХЧАСОВАЯ РАБОЧАЯ НЕДЕЛЯ

ВСЕ ЗА 4 ЧАСА!

В своем бестселлере Тимоти Феррисс делится личным опытом, чтобы предложить, что неудивительно, если учесть название книги, критику ценности работы, когда работа эквивалентна боли, стрессу, отчуждению и т.д. В этом отношении его видение приближается к видению Поля Лафарга (французский социалистический политик, писатель, 1842-1942 гг. В этом отношении его видение приближается к видению Поля Лафарга (французский социалистический политик и писатель, 1842-1911): прогресс — технический для Лафарга и технологический для Феррисса — представлен позитивно, поскольку используется как инструмент освобождения: освобождение рабочих для Лафарга, личное освобождение для Феррисса.

На этом параллель с Полем Лафаргом и его *“Правом быть ленивым”* (1880) заканчивается, поскольку, в отличие от зятя Карла Маркса, Тимоти Феррисс не является идеологом. Он не дает никакой экономической или социальной критики. Если уж на то пошло, он вообще не предлагает практически никакой критики. Феррисс просто излагает свой опыт и объясняет, как его метод, который для него был гарантией успеха, может быть расширен и принят — полностью или частично — другими людьми, чтобы облегчить жизнь, сохранив или даже увеличив свои финансовые ресурсы.

Ссылка: Феррисс, Т. (2007) *Четырехчасовая рабочая неделя. Уйти от 9-5, жить где угодно и присоединиться к новым богачам.* США: Crown Publishing.

Первое издание: 2007

Автор: Тимоти Феррис (американский писатель, предприниматель, инвестор и оратор, родился в Ист-Хэмптоне, Нью-Йорк, США в 1977 году).

Контекст: Новые информационно-коммуникационные технологии, предпринимательство, развитие личности.

Ключевые слова:

- <u>Развитие личности</u>: практика, зародившаяся в античной философии и гуманистической психологии и направленная, как следует из названия, на самореализацию;

- <u>Информационно-коммуникационные технологии (ИКТ)</u>: в самом базовом определении это компьютерное и техническое оборудование для передачи информации и дистанционного общения. По расширению, это не только использование этих технических средств, но и их практическое развитие (включая социальные сети и приложения для общения в реальном времени);

- <u>Оптимизация</u>: как получить больше (денег, удовольствия, удовлетворения и т.д.), используя меньше (ресурсов). Именно такое значение Тим Феррисс придает принципу Парето, который гласит, что 80% эффекта (или удовлетворения) достигается за счет 20% причин (или ресурсов).

- <u>Аутсорсинг</u>: передача всей или части своей работы внешнему партнеру. В случае Тима Феррисса аутсорсинг может быть даже виртуальным, поскольку он не имеет прямого контакта со своими "помощниками".

КОНТЕКСТ

АВТОР

Тимоти Феррисс родился 20 июля 1977 года. Он вырос в Ист-Хэмптоне, штат Нью-Йорк. Потратив некоторое время на изучение нейронауки, в конце концов он изучал восточные цивилизации в Принстонском университете и получил диплом по специальности "Восточная Азия".

Затем он начал работать в компании по хранению данных. Быстро разочаровавшись в своей работе, он создал собственную компанию Brain Quicken, которая занималась онлайн-продажей пищевых добавок, предназначенных для повышения работоспособности мозга. В это время он также принимал стероиды и тестостерон (под наблюдением врача).

После этого он несколько раз занимался предпринимательской и инвестиционной деятельностью, в основном в начинающих компаниях. Основываясь на собственном опыте, он разработал подход к самореализации и достижению деятельности и целей с помощью аутсорсинга и делегирования. Это также привело к развитию формирующей части его деятельности: проведение обучающих курсов, распространение телевизионного шоу и выпуск онлайн-видео, доступных через его блог.

Следует также упомянуть его увлечение рекордами и спортом: ему принадлежит мировой рекорд по наибольшему количеству вращений в танго, выполненных менее чем за минуту, а в 1999 году он завоевал золотую медаль в саньда (китайское боевое искусство). Его победа, хотя формально и не оспаривалась, тем не менее, стала предметом споров, поскольку автор признался, что сильно обезвожил себя перед взвешиванием, чтобы соревноваться в более низкой весовой категории. Кроме того, он использовал один нюанс в правилах, благодаря которому он выиграл все свои бои нокаутом. Его техника: вместо победы, одержанной самим фактом спортивного результата, он добивался того, чтобы его противники были выбиты из зоны боя и таким образом уничтожены. По его словам, такая практика распространена и сегодня.

КОНТЕКСТ И КОНЦЕПЦИЯ

Являясь результатом тенденции, связанной с новыми технологиями, предпринимательством и самореализацией, Тимоти Феррисс в одиночку представляет многие направления личностного развития, понимаемого с 1970-х годов.

Развитие личности – это результат движения освобождения в 1960-х и 1970-х годах от профессиональных, семейных или религиозных структур, которые преобладали до этого времени. Для человека это означает утверждение себя в качестве лидера собственной жизни, самоутверждение и эмансипационную волю. Затем появилось движение хиппи и увлечение "альтернативной" духовностью (восточной, индейской, коренной американской), а также более теоретические направления. Отсюда появилась школа Пало-Альто, чьи теории фокусировались на коммуникации и отношениях между человеком и окружающей средой, а также такие разработки, как НЛП (нейролингвистическое программирование), которое еще больше включает в себя аспект изменения и развития личности.

и отношениях между человеком и окружающей средой, а также такие разработки, как НЛП (нейролингвистическое программирование), которое еще больше включает в себя аспект изменения и развития личности.

КРАТКОЕ СОДЕРЖАНИЕ "4-Х ЧАСОВОЙ РАБОЧЕЙ НЕДЕЛИ"

РЕЗЮМЕ

Основываясь на собственном опыте, Тим Феррисс разрабатывает ряд рекомендаций (мы пока не можем назвать их теориями) по улучшению профессиональной деятельности. Как правило, это улучшение состоит из трех этапов.

Ликвидация

Первый шаг – полностью исключить из своей повестки дня задачи, отнимающие много времени, которые ничего (или почти ничего) не дают. Среди задач, которые необходимо исключить: большинство совещаний. По мнению Феррисса, совещание должно иметь время начала, время окончания и конкретную цель (на нем должно быть принято решение). Если в его глазах большое количество совещаний бесполезно, он уходит от них, заявляя, что у него важное задание или срочная работа, которую нужно закончить, и выбирает представителя, который будет присутствовать на совещании вместо него и докладывать о его содержании.

Он также рекомендует отказаться от разнообразной информации. Отключаться не только от своей электронной почты, но и от различных новостных сайтов, просмотра новостей по телевизору, слежения за ними по радио и т.д. Для него это, как правило, не более чем пустая трата времени. Другим же можно без проблем поручить обобщить эту информацию за считанные секунды в ответ на вопрос: "Что нового в мире?". Для автора все, что не связано с текущей деятельностью, бесполезно. Дойти до самого необходимого означает избавиться от лишнего. Это то, что он называет "избирательным невежеством".

ИЗБИРАТЕЛЬНОЕ НЕВЕЖЕСТВО

Автор не призывает нас потерять интерес ко всему и перестать быть информированными. В рамках "рабочей" деятельности, направленной на ограничение стресса и максимизацию прибыли, он просто советует подвести черту под всем, что мешает вам или тратит время, короче говоря, под всем, что мешает вам перейти прямо к делу. И впоследствии ничто не мешает нам перенять эту практику для досуга (например, читать книгу вместо журнала или смотреть художественный фильм вместо того, чтобы часами бездумно пялиться в телевизор).

Он также исключает отвлекающие факторы: вторжения, вопросы и т.д. Но имейте в виду, что вместо того, чтобы не отвечать или постоянно говорить, что он недоступен, он просит собеседников поторопиться. "Будьте кратки, я занят" стало его лозунгом, заставляя их переходить к делу и, соответственно, спрашивать только то, что они не могли решить иначе.

Он намерен еще больше обескуражить тех, кто встает у него на пути, донимая их в свою очередь. Он объясняет, что вступал в игру всякий раз, когда во время учебы его работу оценивали не так высоко, как он ожидал: он находил ассистента, отвечавшего за его оценку, и заваливал его вопросами столько, сколько мог. Цель: в следующий раз они дважды подумают, прежде чем быть суровыми (или даже будут склонны к великодушию). Однако, прочитав книгу, можно усомниться в уместности или эффективности этой стратегии, в случае если человек отреагирует либо крайне коротким временем реакции ("Будь краток, я занят"), либо создаст ему еще большую нагрузку в ответ, запустив порочный круг.

Автоматизация

Вторая из рекомендаций Тима Феррисса – рационализация или автоматизация: группировка поручений, выполнение работы один раз, чтение электронных писем только один или два раза в день, затем в неделю и т.д. Более того, он даже советует отложить отправку электронных писем, чтобы не получать новых запросов или ответов, сопровождаемых серией вопросов, до следующего дня! То же самое он советует делать и с телефонными звонками: не отвечать и обращать на них внимание только один или два раза в день. Еще один важный совет: покупки и платежи в Интернете совершайте раз в неделю или реже.

👁 КОНКРЕТНЫЙ ПРИМЕР РАЦИОНАЛИЗАЦИИ

У меня есть идея о запуске продукта или услуги. Для ее реализации мне нужно 50 000 фунтов стерлингов. Чтобы привести ее в движение, я могу опросить от 5 000 до 50 000 человек, попросив их дать мне от £1 до £10. Это возможно, но это займет у меня целую вечность.

Я также могу выгодно представить свой продукт (или услугу) и напрямую обратиться к тем, кого это может касаться, с просьбой о крауд-финансировании с минимальной первоначальной ставкой в 100 фунтов стерлингов. Мне нужно будет обратиться не более чем к 500 людям, которые составят мой первый "портфель заказов" и которые, как я думаю, также в целевом кругу будут продвигать мой продукт, если они, как первоначальный инвестор, будут заинтересованы в том, чтобы он заработал.

Освобождение

Автор в значительной степени полагается на аутсорсинг, в основном в отношении "тяжелых" видов деятельности или тех, для которых он не обладает всеми необходимыми навыками. Кто-то другой сделает лучше и обойдется дешевле, что оставляет ему свободное время для того, в чем он лучше разбирается и что для него дороже.

Здесь Тим Феррисс использует команду помощников, все они виртуальные. Они работают на признанных платформах, что позволяет избежать проблем, связанных с временной нетрудоспособностью помощника или конфенциальностью передаваемых данных.

Эти крупные платформы не только имеют больше ресурсов (технологических и человеческих), но и предлагают строгие контракты, потенциально более надежные и ограничивающие (для подрядчика), чем "новички" или те, кто менее признан. По мнению Феррисса, следует поручать одновременно небольшое количество задач (одну или две), которые должны быть выполнены в течение короткого времени (24-48 часов), и требовать регулярных промежуточных отчетов (в конце дня или в конце утра, например), а также подробную информацию о выполненных подзадачах.

При этом аутсорсинг и делегирование не обязательно должны быть виртуальными. Генеральный директор может так хорошо организовать свою работу, что с помощью операционных правил сотрудники (или внешние поставщики услуг) способны решать большинство проблем. Таким образом, можно ограничить свое присутствие в офисе и управлять компанией удаленно, поскольку большая часть деятельности управляется процессами, а не директором.

 ## "МУЗА" ФЕРРИССА

Эти три принципа рождаются из понятия "муза". Это слово, пришедшее из греческой мифологии, определяет художественную деятельность или (что чаще всего) воплощение вдохновения. У Феррисса муза, по сути, неосязаемая, – это идея, которая, превратившись в бизнес, будет пассивно приносить доход. В некотором смысле, это кульминация его метода.

Выбор сектора

После того как эти принципы усвоены, в отношении разработки "новых" видов деятельности Феррисс подчеркивает тщательное знание отрасли и целевой аудитории. Так, когда он учился в университете, он добился большого успеха, обратившись к студентам и раскрыв им метод улучшения скорости чтения. Однако его лента для консультантов по профориентации не была встречена с энтузиазмом, поскольку он сам не был консультантом и не имел опыта в этой работе.

КЛЮЧЕВЫЕ ПОНЯТИЯ

Работа и ценность работы

Почему мы работаем? Этимология слова "работа" отражает связанную с ним концепцию давления: если бы я мог – иногда – выбирать свою работу, я бы не выбрал работать. Однако этот императив, по словам Гегеля (немецкий философ, 1770-1831), как раз и делает нас людьми: труд освобождает благодаря двойному преобразованию, которое он производит, а именно: во-первых, преобразование природы, чтобы она отвечала нашим потребностям, и, во-вторых, преобразование нашей человеческой природы, следующее за этим первым шагом. Маркс (немецкий историк, философ и экономист, 1818-1883) повторяет эту точку зрения, говоря, что человек очеловечивает природу, тем самым получая доступ к своей собственной человечности.

Ценность труда и работника мы находим в пропаганде стахановщины – по имени Алексея Стаханова (1906-1977), российского шахтера, побившего рекорды производительности труда – или в словах "Arbeit macht frei" ("Работа освобождает"), взятых из одноименной книги Лоренца Дифенбаха (немецкий филолог и лексикограф, 1806-1883), в которой герои находят искупление через труд.

Эта концепция работы как защиты от пороков существования также схожа с концепцией *"Кандида"* (1759) Вольтера (французский писатель, 1694-1778), в которой работа представлена как способ избежать скуки, порока и нужды.

Несмотря на все эти преимущества, а также вклад в виде прав, зарплаты, признания, ощущения цели, социальной интеграции и защиты в отношении будущего, работа также критикуется Ницше (немецкий философ, 1844-1900) как лучший способ искоренить индивидуальность работника, через его подчинение. По мнению немецкого мыслителя, тот, кто не имеет двух третей своего дня для себя, должен считаться рабом. Здесь мы находим разницу между досугом и бездельем, временем, потраченным на благо культуры, красоты, обмена и т.д., согласно идеям Кейнса (британский экономист, 1883-1946). Кейнс хотел, чтобы в течение столетия развивалось утопическое видение, в котором экономика станет второстепенной наукой, а вместе с ней и безудержная погоня за богатством и прибыльностью. В этом лучшем мире, к которому он стремился, искусство и культура занимали важное место.

Что касается стоимости труда, то это означает расчет стоимости продукта на основе количества труда (прямого и косвенного), необходимого для его производства.

По сравнению с этими определениями, вопреки тому, что можно предположить из названия книги, Тимоти Феррисс не выступает за сокращение рабочего времени. Он сам признает, что название книги было выбрано в первую очередь из маркетинговых соображений, и оно не столько призывает работать меньше, сколько работать по-другому.

Аутсорсинг

Это почти мантра для Феррисса: передайте на аутсорсинг то, что вас тяготит, или то, что другие могут сделать лучше и с меньшими затратами. Для него очевидно, что более актуально, но и более выгодно полагаться на свои качества и отдавать на аутсорсинг слабые стороны. Он иллюстрирует это примером: легче поставить одну 10-ку, чем пять 8-ек.

Принцип Парето

Принцип Парето является результатом наблюдений итальянского экономиста Вильфредо Парето (1848-1923), согласно которым 80% итальянской недвижимости принадлежит 20% населения. Из этого следует, что в ряде областей 80% продукции (или выходных данных) производится 20% ресурсов (или входных данных). Этот принцип применим ко многим областям и позволяет лучше понять, как управлять приоритетами: если 80% оборота компании поступает от 20% клиентов, ей следует сосредоточиться на них. Потерянный клиент, который ничего или почти ничего не приносит, в конечном счете, не важен. Если 80% моего дохода приносят только 20% моей работы, я должен сосредоточиться на них – следовательно, остальное следует передать на аутсорсинг (или устранить). Аналогично, если 80% моего удовлетворения приносят 20% моих действий, я также могу передать на аутсорсинг или отказаться от тех, которые доставляют мне в конечном итоге больше хлопот или осложнений, чем удовлетворения.

Закон Паркинсона

Закон Паркинсона описывает своего рода эффект снежного кома, применяемый к организации труда. Согласно этому принципу, время, затрачиваемое на работу, увеличивается и занимает все отведенное на нее время. Работа усложняется за счет умножения подзадач, выполняемых для ее реализации, с одной стороны, а также за счет параллельного умножения участников или вкладчиков.

Этот закон похож на закон Феррисса, особенно в отношении потери "социального" времени, времени, проведенного на совещаниях, ответов на электронные письма, которые должны быть отправлены "в режиме реального времени", и отсутствия самостоятельности у некоторых работников. Феррисс призывает нас противостоять этому закону путем применения трех принципов (устранение, рационализация, аутсорсинг). Именно для борьбы с этим законом он подчеркивает необходимость точного определения условий любой работы, поручаемой другим: какие именно задачи и в какие сроки?

ВЛИЯНИЕ РАБОТЫ

Хотя до публикации книги *"4-часовая рабочая неделя"* автор был неизвестен широкой публике, после выхода книга стала бестселлером, по данным *New York Times*, *Wall Street Journal* и *Business Week,* в основном благодаря тому, что ее активно продвигали блогеры, с которыми был связан Тим Феррисс; этот прием принес ему множество наград.

С момента публикации своей работы автор отныне рассматривается как своего рода гуру. Значение его личности было подчеркнуто выражением "Эффект Тима Феррисса", *которое ввел в оборот* американский писатель Майкл Эллсберг (1977 года рождения) после того, как комментарий к его книге, размещенный в блоге Феррисса, привел, по его словам, к большему росту продаж, чем "статья в *New York Times* и 3 минуты на CNN". Без сомнения, он харизматичен. Его карьера и размышления о своих желаниях и возможностях также послужили отправной точкой для его книги. Поэтому его подход и рекомендации основаны на жизненных историях, сначала его, а затем других людей.

КРИТИКА ЕГО ПОДХОДА

Хотя он ставит вопрос о раннем смысле владения или действия, одно из самых очевидных ограничений структуры заключается в выдвижении на первый план личности и индивидуализма предпринимателя, без претензий на какую-либо идеологию. Речь не идет о социальной или экологической ответственности; хотя эти подходы могут вмешиваться, это связано с характером предпринимателя, а не с характером подхода. Это далеко не "позитивное" определение инвестора, как это представил бы Кейнс (он отличает инвестора от аннуитента).

Поэтому автор рекомендует продавать дорогие продукты, ориентируясь на ограниченную клиентуру состоятельных людей. Для него это имеет свои преимущества: ограниченная клиентура означает контроль и меньшую рабочую нагрузку; обеспеченная клиентура означает меньше беспокойства по поводу платежей; более высокая цена продажи означает более высокую маржу, что позволяет иметь наличные деньги на случай возможных неудач. Кроме того, когда он говорит о высокой марже, он имеет в виду цену продажи, в 8-10 раз превышающую стоимость продукта!

Однако в основе его рекомендаций лежит муза, которая еще более эффективна, когда она применяется в экономической среде, где конкуренция слаба. Именно на такой среде основан его опыт с веществами, повышающими работоспособность. При этом для ряда товаров или услуг такая маржа может показаться несостоятельной. Например, он упоминает статью американского журналиста и писателя Эй Джей Джейкобса под названием "Моя жизнь на аутсорсинге". Джейкобс работает в основном из дома и передает на аутсорсинг большую часть своей работы, а именно документальные исследования и написание резюме. Теперь представьте, что бельгийскому журналисту-фрилансеру платят 1,09 фунта стерлингов за строку в 60 знаков. Статья объемом 1000-1200 знаков (около двух страниц формата А4) принесет ему 18-22 фунта стерлингов. Есть ли финансовая выгода в том, что он передает работу на аутсорсинг? Но тогда у него уже есть имя, которое само себя продает.

Автора также подозревают в поощрении жульничества, что проявилось в его победе в Санде в 1999 году. В своей книге он также утверждает, что "все правила можно обойти или нарушить, не становясь при этом мошенником". Подчеркивая эту черту, Феррисс не стесняется давать советы, которые больше похожи на "софоморические шутки", чем на настоящие рекомендации. Так, чтобы избежать потери багажа, он советует американским путешественникам класть в чемодан ручной пулемет без патронов. При его обнаружении багаж будет маркирован, и службы безопасности обратят на него особое внимание, а значит, он не потеряется.

Феррисс также в значительной степени полагается на непосредственность и одновременность. Это также одно из ограничений "выборочного невежества": как насчет всех знаний, которые мы получаем из информации, которую мы слышим, читаем, видим, и которые мы найдем полезными только позже, действительно, сопоставляя с другими? Не ведет ли его подход к чрезмерному обособлению знаний, в то время как каждый человек должен приобретать минимум знаний, необходимых для его текущей деятельности? Между тем, приемы, которые он подробно описывает, чтобы стать экспертом в любом предмете за четыре недели, углубляясь только в определенные аспекты темы, чтобы иметь возможность говорить о ней, натягивая шерсть на глаза кому-то, скорее свидетельствуют о бесполезности, даже несмотря на то, что он заканчивает свой отрывок словами "представить истину в ее лучшем виде, не придуманную с нуля – таковы правила игры".

Блог автора посвящен развитию личности, будь то умственная сила или достижение физических пределов тела, но в очень драматичной форме; можно сказать, что это почти инсценировка. Так, один из самых популярных постов посвящен проблеме экстремального обезвоживания (*"How to Lose 20-30 Pounds In 5 Days: Секреты экстремального снижения веса и обезвоживания бойцов UFC"*). Другой пост показывает автора в компании одной из его читательниц, которая благодаря его советам смогла перейти от утомительной работы к творчеству (*"Whitney Cummings on Turning Pain into Creativity"*). В каждом разделе есть ссылки на аудио- и видеофайлы шоу Тима Феррисса – подкаста интервью с успешными в своей области личностями.

Конечно, нам всегда дают конкретные презентации или живой опыт. Однако в целом работа остается крайне эгоцентричной и самореферентной, с отсутствием перспективы.

Обратите внимание, что в Интернете эта книга не называется книгой по менеджменту или экономике. Рецензии, независимо от того, хвалят они или критикуют, часто сосредоточены больше на личности автора и маркетинге, чем на экономических и теоретических соображениях. На сайте *New York Times* статья "The World According to Tim Ferriss" находится даже в разделе "Мода и стиль"!

РАСШИРЕНИЯ И АНАЛОГИЧНЫЕ ПОДХОДЫ

Подход Тимоти Феррисса представляет собой нечто вроде обзора различных тенденций из области личностного развития, а также менеджмента и аутсорсинга. В этом смысле книга объединяет современные тенденции персонализированного коучинга.

При этом, учитывая, что Тим Феррисс не представлен как эссеист или теоретик – а это, вероятно, не входит в его амбиции – он не стоит за оригинальным теоретическим направлением, которое бы опиралось на метод, разработанный по его советам. Тим Феррисс основывает свои работы на собственном опыте и на рассказах людей, которые последовали его советам. Поэтому в основном это "истории из жизни", принятые за чистую монету, то есть без формальной теоретической перспективы или глубокого анализа, которые можно найти в более широкой концепции развития личности. Его книга, безусловно, стала бестселлером и пользуется большой популярностью, особенно в Интернете, но нельзя говорить о настоящем движении мысли. Он добился успеха. Многие люди покупают его книги. Многие также следуют его советам. Он, несомненно, изменил жизнь некоторых людей, для которых есть свои "до" и "после". Однако, помимо этого успеха, нельзя говорить о масштабной революции, воплощенной в жизнь.

В ДВУХ СЛОВАХ

- Превосходство: основываясь на собственном опыте, Тимоти Феррис утверждает, что теоретически нереалистичных целей достичь легче, чем реалистичных. На вершине конкуренция низкая, в то время как среди "середняков" конкуренция жесткая. Он разрабатывает свои точки превосходства для достижения целей и даже их превышения. Другие аспекты работы, которые не связаны с сильными сторонами или трансценденцией, должны быть переданы на аутсорсинг.

- Аутсорсинг: важная часть этого аутсорсинга осуществляется с помощью новых технологий и использования автоматизированных задач, высвобождая время, а затем, когда концепция муза будет внедрена, это должно привести к автоматизированному доходу.

- Ближе к делу: чтобы максимально увеличить время, затрачиваемое на работу, Тим Феррисс также рекомендует устранить дополнительные слабости — все, что отнимает время и не приносит практически никакой пользы. Игнорирование информации — один из аспектов, как и максимальное ограничение количества и продолжительности встреч, откладывание ответов на телефонные звонки или электронные письма и т.д. Короче говоря, он хочет полностью посвятить себя работе, в которой он хорош, с минимальными ограничениями, насколько это возможно.

- Концепция работы: в конечном счете, концепция работы меняется. Автор рекомендует, во-первых, управлять ресурсами для того, что мы делаем хорошо, что мы передаем на аутсорсинг и делегируем, и, во-вторых, оптимизировать и совершенствовать знания и навыки. Некоторые из наших повседневных задач теперь уже не считаются работой – например, дача интервью – потому что это действие выполняется для себя, без принуждения.

ДАЛЬНЕЙШЕЕ ЧТЕНИЕ

БИБЛИОГРАФИЯ

Бруни, Ф. (2012) «Индивидуализм в ускоренном темпе». *New York Times*. [Online]. [Accessed 15 February 2016]. Доступно по адресу: < http://www.nytimes.com/2012/07/17/opinion/bruni-individualism- in-overdrive.html>.

Феррисс, Т. *Четырехчасовая рабочая неделя*. [Блог]. Доступно по адресу: < http://fourhourworkweek.com/>.

Феррисс, Т. (2013) Как сбросить 20-30 фунтов за 5 дней: Секреты экстремального снижения веса и регидратации бойцов UFC. *The 4- Hour Workweek*. [Online]. [Accessed 15 February 2016]. Available from: < http://fourhourworkweek.com/2013/05/06/how-to-cut-weight-ufc/>.

Феррисс, Т. (2007) *Четырехчасовая рабочая неделя*. Уйти от 9-5, жить где угодно и присоединиться к новым богачам. США: Crown Publishing.

Феррисс, Т. (2015) Уитни Каммингс о превращении боли в творчество. *The 4- Hour Workweek*. [Online]. [Accessed 15 February 2016]. Available from: < http://fourhourworkweek.com/2015/06/26/whitney-cummings/>.

Roland, O. (Без даты) Interview de Tim Ferriss : la vérité sur La semaine de 4 heures. *Blogueur pro.* [Online]. [Accessed 15 February 2016]. Available from: < http://blogueur-pro.com/tim-ferris>.

Розенблум, С. (2011) Мир согласно Тиму Ферриссу. *Нью-Йорк Таймс.* [Online]. [Accessed 15 February 2016].

Available from: < http://www.nytimes.com/2011/03/27/fashion/27Ferris.html>.

ДОПОЛНИТЕЛЬНЫЕ ИСТОЧНИКИ

Бакан, Дж. (2005) *Корпорация. Патологическое стремление к прибыли и власти.* Нью-Йорк: Свободная пресса.

ФИЛЬМЫ И ДОКУМЕНТАЛЬНЫЕ ФИЛЬМЫ

Корпорация. (2003) [Документальный фильм]. Дженнифер Эббот и Марк Ахбар. Режиссеры. Канада: Zeitgeist Films.

Мастер ISBN: 9782808601610

Бумажный ISBN: 9782808603065

Легальный депозит: D/2022/12603/307

Цифровое оформление: Primento,
цифровой партнер издателей.